BEI GRIN MACHT SICH IHR
WISSEN BEZAHLT

AF150207

- Wir veröffentlichen Ihre Hausarbeit,
  Bachelor- und Masterarbeit

- Ihr eigenes eBook und Buch -
  weltweit in allen wichtigen Shops

- Verdienen Sie an jedem Verkauf

Jetzt bei www.GRIN.com hochladen
und kostenlos publizieren

Joseph Jansen

Auswirkungen der Finanzkrise auf die Immobilienmärkte

GRIN Verlag

Bibliografische Information der Deutschen Nationalbibliothek:

Die Deutsche Bibliothek verzeichnet diese Publikation in der Deutschen National-
bibliografie; detaillierte bibliografische Daten sind im Internet über http://dnb.d-
nb.de/ abrufbar.

Impressum:

Copyright © 2012 GRIN Verlag GmbH
Druck und Bindung: Books on Demand GmbH, Norderstedt Germany
ISBN: 978-3-656-67561-7

Finanzkrise

Auswirkungen der Finanzkrise auf die Immobilienmärkte

Hausarbeit im Modul

„Immobilienökonomie (BR 03)"

an der

EBZ Business School,
University of Applied Sciences, Bochum

Eingereicht von:

Joseph Jansen

Bonn, 31.01 2012

Inhaltsverzeichnis

Abkürzungsverzeichnis

VAE- Vereinigte Arabische Emirate

Abbildungsverzeichnis

1. Wie entstand die Finanzkrise

Entstanden ist die Finanzkrise, auch genannt Suprime- Krise, zwischen den Jahren 2006 und 2007 in den USA durch die US- Immobilienmarktkrise. Es ist nach der Krise in den 30 er Jahren, die größte globale Krise, welche weltweite Folgen in der Immobilienbranche als auch in der Finanzkrise mit sich geführt hat.[1]

Durch niedrige Zinsen und steigende Immobilienpreise, bekamen Kunden mit schlechter Bonität, einem niedrigem Einkommen, einer hohen Kreditausfallwahrscheinlichkeit und einem schlechten Rating, Kredite von Banken. Gewonnen haben die Banken solche Kunden, durch anfänglich niedrige und sehr flexible Zinssätze, auch genannt Lockzinsangebote. Bei diesen Angeboten, wurden die Kredite anfänglich sehr gering verzinst, welche aber nach zwei oder drei Jahren um 4% angehoben wurden.[2]

Die Kreditnehmer gingen für sich nicht planbare und teilweise auch missverständliche Hypothekendarlehn ein, in der Hoffnung durch Umfinanzierungen günstigere Kreditkonditionen finden zu können. Diese wurden jedoch sehr schnell unrealistisch, da die Zinssätze drastisch stiegen und die Hauspreise langsam in den Keller fiehlen.

Ein Beispiel dafür war das „Option Adjustable Rate Mortag", dieses Modell ist so zu beschreiben, dass der Kreditnehmer jeden Monat für sich selbst entscheiden kann, ob er nur die festgelegte Mindestrate zahlt oder Zinsen und einen fälligen Tilgungsanteil. Dieses Modell führt den Kreditnehmer zu immer weiteren Schulden, da dieser meist nur in der Lage ist, die vereinbarte Mindestrate zu begleichen. In vielen Fällen wurde dann ein Darlehn durch ein weiteres Ersetzt. Dieser Vorgang führte dann zu einer kurzzeitigen Rettung für den Kreditnehmer, jedoch ebenfalls zu höheren Schulden und dadurch zu einer geringeren Rückzahlungsfähigkeit des Kreditnehmers. Banken gebrauchen diese Kredite, da es üblich ist, mit den meisten Risiken, die höchsten Gewinne zu erzielen. Dadurch wurden Kreditnehmern mit schlechter Bonität, Kredite mit erhöhten Zinsen gewährt.[3]

---

[1] Vgl. Pinto Consulting Property Briefing Nr.1, Die globale Finanzkrise und mögliche Auswirkungen auf den deutschenImmobilienmarkt,
www.pintoconsulting.de/de/wp-content/uploads/2011/07/discussion_paper_1_basel-iii_110722.pdf
[2] Vgl. Michaela Hellerforth, Die Globale Finanzmarktkrise, S.88
[3] Vgl. Stefan Kofner, Die Hypotheken und Finanzmarktkrise, S.5-9

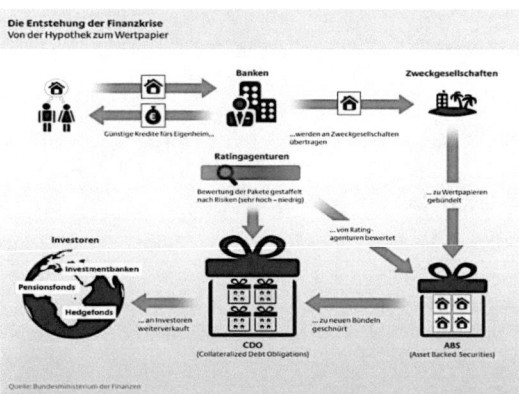

Abbildung 1: Entstehung der Finanzkrise[4]

1.1 Zahlen und Fakten

Durch die Folgen der Finanzkrise haben Banken weltweit ungefähr 220 Milliarden Euro abschreiben müssen. Auf Platz eins der am stärksten betroffenen Banken der Finanzkrise, ist die Citigroup mit rund 26 Milliarden Euro Abschreibungen. Um 65% ist die Zahl der Zwangsversteigerungen in den USA im Jahr 2008, zum Vorjahr gestiegen. Es wurden ca. 1,5 Millionen Häuser in den USA zwangsversteigert. Statistiken zu entnehmen, sind in den USA die Immobilienpreise um 15% in den letzten 2 Jahren gefallen. Mehr als 100.000 Arbeitsplätze sind in der Finanzindustrie global durch die Krise verloren gegangen. [5]

1.2 Zahlen zu Banken

Merrill Lnch hatte im ersten Quartal 2008 nach 94- jähriger Firmengeschichte, dass schlechteste Ergebnis, nämlich 6,3 Milliarden Euro Verlust.

Ebenso fielen auch die Zahlen der Aktie von der Investmentbank Bear Stearns um 93%, wie die Aktie der IKB um 86%, innerhalb eines Jahres.

New Yorker Banker erhielten 33,2 Milliarden Dollar Bonuszahlungen. Dies entspricht nur 2% weniger als 2006.

Durch Verluste der Sachsen LB, haften sächsische Steuerzahler mit ca. 2,75 Milliarden Euro.

Durch Wetten mit Suprime- Papieren, verdiente der Hedgefonds- Manager John Paulson 2007 rund 3,7 Milliarden Dollar.

Die Harvard- Universität verlor an ihrem Stiftungsfonds 500 Millionen Dollar. Das Gesamtrisiko der IKB lag Anfang 2008 bei mehr als 11 Milliarden Euro.[6]

---

[4]Quelle:
Buergerstimmen,www.buergerstimmen.de/fotopm/090722t0schaubild_entstehung_finanzkrise_0.jpg

[5]Vgl.
Wirtschaftswoche, www.wiwo.de/videos/finanzkrise-finanzkrise-in-zahlen/4698812.html, 27.05.2008

1.3 Andere grenzüberschreitende Finanzkrisen z.B.:[7]

- US- Sparkassenkrise in den 1980er Jahren
- Lateinamerikakrise in den 1970er Jahren und 1980er Jahren
- Japanische Bankenkrise in den 1990er Jahren
- Asienkrise in 1997 und 1998
- Russlandkrise 1998 und 1999

2. Auswirkungen auf Einzelhandelsimmobilien

Einer der größten Auswirkungen auf Einzelhandelsimmobilien ist weitestgehend die schwache Konjunkturlage. Besonders zu beachten ist hierbei, die Situation auf dem Arbeitsmarkt, das Kaufverhalten, die Sparquote und die Einzelhandelsumsätze, welche stark zurückgingen. Durch diese Rückgänge, wurde auch der Konsum betroffen, was zur Folge hat, dass Mietpreise in den USA stark zurückgegangen sind und dadurch Einzelhandelsimmobilien drunter leiden. Vergleicht man die Lage mit Europa, hält es sich noch in einem Gleichgewicht.[8]

In Deutschland erzielte der Einzelhandel im Dezember 2008 nominal 0,6% mehr, jedoch real 0,3% weniger Umsatz als im Dezember 2007. Unbestritten ist jedoch, das die Nachfrage in sowohl Großstädten, als auch in Kleinstädten, nach 1a- Lagen nicht zurückgehen wird. Es wird eher ein Nachfrageüberhang geben und somit werden die Mieten in diesen Lagen relativ stabil bleiben. Dies liegt an immer neueren und besseren Konzepten der Einzelhandelsunternehmer, um weiterhin 1a- Lagen attraktiv zu gestalten und zu verbessern.[9]

Vor allem internationale Einzelhändler der Textilbranche möchten sich weiterhin in deutschen Großstädten vergrößern. Das liegt an deutschlands gewachsenen Innenstadtlagen, welche die Möglichkeit geben, auch in Innenstädten Shopping- Centren zu erbauen. Trotz alle dem ist die Nachfrge nach Einzelhandelsflächen in den 1a- Lagen sehr hoch und das Angebot leider nicht so hoch wie die Nachfrage. Das hat zur Folge, dass die Nachfrage steigt und somit auch die Mietpreise der Immobilien. Knappes Flächenangebot erlaubt Besitzern von Einzelhandelsimmobilien durchaus Spitzenmieten zu erzielen.

Betrachtet man jedoch die Einzelhandelsimmobilien entfernt der 1a- Lagen, kann man feststellen, dass in diesen Lagen eine hohe Leerstandsquote vorhanden ist und eine Wie-

---

[6] Vgl.
Wirtschaftswoche, www.wiwo.de/videos/finanzkrise-finanzkrise-in-zahlen/4698812.html, 27.05.2008

[7] Vgl. http://de.wikipedia.org/wiki/finanzkrise v. 03.01.2009.
[8] Vgl. Studie Managment der Finanzkrise, S.150-151
[9] Vgl. Studie Management der Finanzkrise, S.150-151

dervermietung sich äußerst kompliziert darstellt. Von Mietpreissteigerungen in diesen Lagen ist eher nicht die Rede.[10]

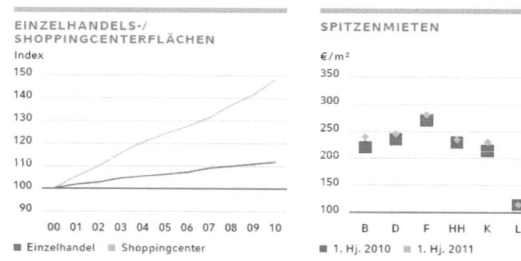

Abbildung 2: Einzelhandels-/ Shoppincenterflächen und Spitzenmieten[11]

2.1 Ausblick

Bei der Nachfrage nach Einzelhandelsimmobilien wird sich auch in den nächsten Jahren nicht viel ändern, da sich auf dem Einzelhandelsmarkt eher eine positive Preisentwicklung darstellen wird. Die Nachfrage nach 1a- Lagen steigt kontinuierlich an. Vor allem in den Großstädten wie Berlin, Hamburg, Düsseldorf, Leipzig, Stuttgart, Köln und München. Durch diese Entwicklung ist eine leichte Steigerung der Spitzenmieten vorauszusehen. Ob diese Entwicklung jedoch auch mal die Nebenlagen erreichen wird, ist nicht zu beantworten.[12]

3. Auswirkungen auf Wohnimmobilien

Durch mehrere Faktoren, werden die Miet- und Kaufpreise für Wohnimmobilien beeinflusst. Dazu gehört die demografische Entwicklung einer Region, deren Haushaltswachstum, dessen Einkommenswachstümer und die Entwicklung von Immobilienbeständen. Sollten sich in diesen Bereichen keine konjunturellen Schwankungen einschleichen, wird es keine Veränderung der Preisentwicklung im Bereich der Wohnimmobilien geben. Komplett ausschließen kann man es jedoch nicht, da sich global möglicherweise immer etwas

[10]Vgl.EuroHypo,MarkberichtDeutschland2011,
www.kenstone.de/media/documents/EH_KEN_Marktbericht_D_2011_X3.pdf
[11]Quelle.EuroHypo,MarkberichtDeutschland2011,
www.kenstone.de/media/documents/EH_KEN_Marktbericht_D_2011_X3.pdf
[12]Vgl.EuroHypo,MarkberichtDeutschland2011,
www.kenstone.de/media/documents/EH_KEN_Marktbericht_D_2011_X3.pdf

bewegen kann. Es könnten zum Beispiel die Immobilienpreise sinken, indem sich Handels-
strukturen und Handelsvolumina ändern, vorrausgesetzt der Welthandel würde sich ver-
schlechtern.

Zu sagen ist auch, dass die Finanzkrise aufjedenfall zu Änderungen der Mietpreise geführt
hat, präziser formuliert auf die Preise bei der Neuvermietung vereinbarter Nettokaltmie-
ten.[13]

Um herrauszufinden, welche Mieten man erzielen kann, müssen mehrere Faktoren beach-
tet werden. Zum einen die Nachfrage in einer bestimmten Region, dass Ausmaß an Neu-
bauten und das Umfeld der Wohngegend. Ein starker Indikator für die Nachfrage an
Wohnraum ist die wirtschaftliche Lage einer Region. In einer Rezession ist von auszuge-
hen, das eher weniger Geld für Wohnraum ausgegeben wird, da das Einkommen sinkt.

Die Arbeitslage wird schlechter, was mehr Arbeitslose mit sich bringt. Ein Positiver Trend
ist jedoch der Kauf an Wohnungseigentum geworden, weil er viel attraktiver geworden ist
als andere Anlageformen der Banken. Viele Anleger haben in der Finanzkrise hohe Sum-
men an Geld verloren und investieren deswegen von nun an in Immobilien, welche eine
höhere Rendite erzielen können.[14]

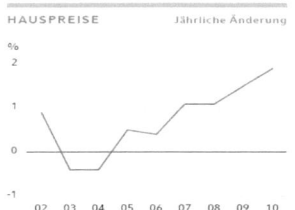 

Abbildung 3: Entwicklung der Hauspreise und Baugenehmigungen[15]

3.1 Anstieg der Arbeitslosigkeit 2010

Durch den Anstieg der Arbeitslosikeit 2010 wurde eine schwächere Nachfrage nach Neu-
vermietungen in vielen Regionen Deutschlands verzeichnet, was bedeutet, es wurden nicht
die Mieten erzielt, welche als Ziel gesetzt wurden. Die Mietpreisentwicklung hat sich in
verschiedenen Regionen Deutschlands unterschiedlich durch die Arbeitsmarktentwicklung
entwickelt. In manchen Regionen, in welchen Kurzarbeit getätigt wurde, bestand die Ge-

---

[13]Vgl.EuroHypo,MarkberichtDeutschland2011,
www.kenstone.de/media/documents/EH_KEN_Marktbericht_D_2011_X3.pdf
[14]Vgl.EuroHypo,MarkberichtDeutschland2011,
www.kenstone.de/media/documents/EH_KEN_Marktbericht_D_2011_X3.pdf
[15]Quelle.EuroHypo,MarkberichtDeutschland2011,
www.kenstone.de/media/documents/EH_KEN_Marktbericht_D_2011_X3.pdf

fahr von erneutem Leerstand, da in diesen Regionen starker Beschäftigungsabbau stattgefunden hat.[16]

3.2 Ausblick

Die Zukunft für den Wohnimmobilienmarkt wird vor allem in den heranwachsenden Ballungsräumen positiv bleiben. Eine Nachfrage nach Wohnungseigentum wird weiterhin vorhanden sein. Betrachtet man die Märkte außerhalb der Ballungsräume, wird zu beobachten sein, dass sich in diesen Gebieten eher weniger tuen wird, da wir eine schrumpfende Zahl an Bevölkerung und eine zurückgehende Zahl an Haushalten haben. [17]

Eine sehr bemerkenswerte Unterstützung, welche es ausschließlich in Deutschland gibt und in keinem anderen europäischen Land oder sogar weltweit, sind die staatlichen Förderungen für den Wohnungsbau oder Wohn- Riester. Ein neuer Trend ist das Umsiedeln in ländlichere Gebiete, welche teilweise nur wenige Kilometer von den Großstädten entfernt liegen. In diesen Gebieten liegen die Grundstückspreise dann erheblich unter den Preisen wie in der Stadt. Andererseits, steigen die Preise in den Großstädten für Grundstücke auch weiterhin an. Dies liegt am demografischen Wandel, da die älteren Leute eher wieder in die Stadt ziehen möchten und die jüngeren Familien auf´s Land.[18]

4. Auswirkungen auf Gewerbeimmobilien

Auch Gewerbeimmobilien wurden von der Finanzkrise betroffen. Es gibt eine leicht sinkende Mietnachfrage, steigende Nettoanfangsrenditen und engere Finanzierungsbedingungen. Prognosen zu entnehmen, liegen die Vorraussetzungen für Deutschland in den Jahren 2012 bis 2016 sehr gut. In Spanien, Italien und Südeuropa hingegen fallen diese eher pessimimistisch aus.

Es ist zu beobachten, dass viele Mieter und Mietinteressenten zögerlicher wurden, wenn es um die Verlängerung ihrer Mietverträge, oder um den Abschluss neuer Verträge geht. Dies ist ein starkes Indiz für einen sogenannten Umschwung. Diesem Umschwung sind auch Zahlen zu entnehmen.

Es sinken 2012 in Spanien 4,5% der Büromieten und 2013 um weitere 3%.In Deuschland hingegen, stabilisieren sich die Mieten oder bleiben konstant. Dies liegt an einem kräftigen Arbeitsmarkt und einem nierigem Neubauvolumen. Wirkliche Veränderungen der Miet-

---

[16] Vgl.
Hamburgisches WeltWirtschafts Institut, Auswirkungen der Finanzkrise AufdiedeutschenWohnimmobilienmärkte,Januar2010,
www.hwwi.org/uploads/tx_wilpubd/HWWI_Policy_Paper_1-22.pdf
[17]Vgl.
EuroHypo,MarkberichtDeutschland2011,
www.kenstone.de/media/documents/EH_KEN_Marktbericht_D_2011_X3.pdf

[18] Vgl.
Forward Darlehn- Vergleich.de/Blog, Immobilienmarkt Entwicklung in Deutschland 2010:
Prognose, www.forwarddarlehen-vergleich.de/blog/immobilienmarkt-entwicklung-deutschland-2010/

preise sind erst ab den Jahren 2013 bis 2016 zu prognosstizieren. Nämlich in den Großstädten München um +2,1% p.a., Berlin um +2,3% p.a. und Hamburg um +2,5% p.a. . [19]

Guckt man sich die Zahlen für Gewerbeimmobilienmärkte in ganz Europa an, ist zu beobachten, dass ab dem Jahr 2012 Gesamtertragsverluste von ca. 2,6% zu erwarten sind. Bis 2016 soll es jedoch wieder beruhigt haben und ein Plus von ca. 2,9% p.a. vorhanden sein. Auch in diesen Prognossen befindet sich Deutschland ganz weit vorne.

Vertraut man Analysten, steigen die Erträge in den nächsten fünf Jahren auf etwa 3% bis 4% pro Jahr. Durch diese Zahlen schneidet Deutschland im Vergleich mit 25 anderen europäischen Büromärkten sehr gut ab. Hamburg, Köln/ Bonn und Berlin zeigen Gesamterträge von 4% bis 3,8% p.a. zwischen 2012 und 2016 und liegen somit auf den Plätzen zwei bis fünf. Größter deutscher Büromarkt ist München und liegt auf Platz 12 mit 3%. [20]

4.1 Hohe Verluste bei Gewerbeimmobilien

Fast alle Banken haben Geld in Gewerbeimmobilien investiert. Was dabei herauskam, war ein Milliardenverlust des Morgan- Stanley- Fonds, welcher anfänglich 8,8 Mrd. Dollar schwer war und später Verluste von 5,4 Mrd. Dollar verzeichnete. Ebenso verlor ein Investmentfonds für Bürogebäude und Einkaufszentren fast zwei drittel seines ursprünglichen Wertes. Buchwertverluste ca. 5,4 Milliarden Dollar.

 Vermutungen zu Folge, könnte aus dieser Entwicklung, sich ein Problem herauskristalisieren, welches vergleichbar ist mit dem der Wohnimmobilien. In den USA sind Gewerbeimmobilienkredite vom Ausfall bedroht, welche sich auf eine Summe in höhe von 1,4 Billionen Dollar verzeichnen. [21]

Dieses Problem wird aber nicht nur die USA betreffen, sondern alle Gewerbeimmobilien weltweit. Hauptmerkmal dieser globalen Probleme sind einfach zu erklären. Durch die Rezession sinken in den USA und in Europa die Preise für Gebäude und Mieten. Die Leerstandsquote hingegen steigt immer weiter. In den USA sanken dadurch die Immobilienpreise um 30%- 40%. Heisst für Immobilienbesitzer oder Fonds-Besitzer ein sinken der Mieteinnahmen oder ein Wertverlust in der Bilanz. [22]

---

[19] Vgl.
 Immo.Zeitung, Deutschland zeigt sich in der Krise robust, 15.11.2011, www.immobilienzeitung.de/113257/deutschland-zeigt-sich-in-der-krise-robust

[20] Vgl.
Immo.Zeitung, Deutschland zeigt sich in der Krise robust, 15.11.2011, www.immobilienzeitung.de/113257/deutschland-zeigt-sich-in-der-krise-robust

[21] Vgl.
Handelsblatt, www.handelsblatt.com/finanzen/immobilien/nachrichten/gewerbeimmobilien-der-naechste-immobilien-tsunami-rollt/3412352.html, 15.04.2010

[22] Vgl.
Handelsblatt, www.handelsblatt.com/finanzen/immobilien/nachrichten/gewerbeimmobilien-der-naechste-immobilien-tsunami-rollt/3412352.html, 15.04.2010

5. Auswirkungen auf die Vereinigten Arabischen Emirate (Dubai)

Auch das schöne Duabi wurde von der Finanzkrise nicht verschont gelieben. Es stehen immer mehr Kräne und Bauvorhaben still. Bis vor wenigen Monaten, standen rund 20% aller Kräne weltweit in Dubai. 50% aller Bauvorhaben stehen momentan auf Eis. Nicht zu übersehen ist auch, dass auf vielen Baustellen wenig bis garnicht gearbeitet wird, was sehr wahrscheinlich mit Finanzierungsproblemen der Investoren zusammenhängt.[23]

Eine sich daraus ergebende Folge ist Arbeitslosigkeit, da durch den Baustop auch viele Arbeiter ihren Job verloren haben, da in Dubai viele Ausländer leben und arbeiten, nämlich ca. 85% der Einwohner.Dadurch wird es in diesem Jahr noch einen Rückgang der Bevölkerung um 15% in Dubai geben, weil Ausländer ohne Arbeit nur ein Visum von 30 Tagen haben.[24]

Die Größten Verlierer der Finanzkrise in Dubai, sind die beiden staatlichen Investitionsgesellschaften, nämlich Nakheel und Emaar Properties. Nakheel ist bekannt durch die Palmeninsel, Dubai Waterfront und das Inselprojekt „The World" und „The Universe". Emaar ist bekannt durch den Bau des höchsten Gebäudes der Welt und der Dubai Mall. Diese beiden Investitionsgesellschaften haben durch die Krise mehr als die Hälfte ihres Börsenwertes verloren. Immobilienpreise in Dubai fiehlen um nahezu 30%. Als Reaktion haben sich die Investitionsgesellschaften Emaar Properties, Dubai Properties, Sama Dubai und Tatweer zusammengetan um Kosten einzusparen.[25]

Abbildung 4: Baustop in Dubai[26]

---

[23] Vgl. www.dubainews.de/finanzkrise/08.07.2009
[24] Vgl. www.dubainews.de/finanzkrise/ 08.07.2009
[25] Vgl. www.dubainews.de/finanzkrise/08.07.2009
[26] Quelle: www.dubainews.de/media/dubai-baustelle.jpg

5.1 Keine Erholung für die VAE

Durch das starke Überangebot an Immobilien, wird es in Dubai bis 2016 kaum eine Preiserhöhung geben, mit welcher alle zufrieden sein werden. Hauspreise stiegen in Dubai enorm an, weil der Staat auch ausländischen Bauträgern seine Tore öffnete und denen gewährte, Grundbesitzrechte zu erwerben. Diese Preise fielen jedoch recht schnell um fast 60% bei Eintritt der Finanzkrise. Dubai hat dadurch einen übersättigten Markt was Wohnungsbau betrifft, nämlich ca. 25%. Von einer Erholung wird in den nächsten fünf Jahren auch nicht die Rede sein. Der Wohnungsmarkt hingegen, wird eher um 10% abstürzen, als sich zu erholen. Die Rasmala Investment Bank behauptet, das Dubai erst 2020 bei den Immobilienpreisen wie 2008 seien wird. [27]

Verglichen mit der Situation in Abu Dhabi, sieht es nicht besser aus. In Abu Dhabi kammen 11.000 Wohnungen hinzu. Hauspreise in Abu Dhabi fielen um 14% ihres normalen Preises. Mietpreise fielen um 14% 2011 und 2012 sind 10% zu erwarten. [28]

6. Zusammenfassung

Die US- Finanzkrise hat global tiefe Wunden hinterlassen. Sowohl in der Immobilienwirtschaft und deren Märkten, als auch in der Realwirtschaft.

Einer der größten Faktoren, welche die Einzelhandelsimmobilien betroffen hat, ist die durchaus schwache Konjunktur, welche die Einzelhandelsimmobilien leicht getroffen hat. Durch die schwache Konjunktur ging der Konsum zurück und dadurch fielen auch die Mietpreise. Eine positive Entwicklung ist die weiterhin hohe Nachfrage nach Einzelhandelsimmobilien in 1a- Lagen, sowohl in Großstädten, als auch in Kleinstädten.

Dieser Trend wird auch weiterhin stabil bleiben, was sich sehr positiv auf die Mietpreise auswirkt. Die Nachfrage ist leider höher als das Angebot, was jedoch auch von Vorteil ist, da es Besitzern von Einzelhandelsimmobilien erlaubt, Spitzenmieten zu erzielen. Nicht allzu positiv ist die Entwicklung der Einzelhandelsimmobilien fernab der 1a- Lagen. In diesen Lagen findet man eine hohe Leerstandsquote und von Mietpreissteigerungen ist garnicht die Rede.

Zu den Wohnimmobilien ist zu sagen, dass es eher weniger Veränderungen geben wird. Ganz auszuschließen ist es jedoch nicht, dass sich etwas tuen könnte. Es werden jedoch in der Wohnimmobilienbranche und im Vermittlungsbereich eher positive Entwicklungen verzeichnet. Die Relation von Miet und Kaufpreis ist in der Regel relativ stabil geblieben. Die etwas geringeren Baugenehmigungen werden sich jedoch fortsetzen. Dies liegt an der immer zögerlicheren Vergabe von Krediten der Banken, da diese immer mehr Bonität und Sicherheiten fordern. Ein positiver Trend im Bereich der Wohnimmobilien, ist der Erwerb von Wohnungseigentum. Viele Anleger vertrauen ihrer Bank nicht mehr und kaufen deswegen Wohnungseigentum. Entweder für den Eigengebrauch oder als Kapitalanlage.

---

[27] Vgl. arabianbusiness.com, Reuters 24.10.2011
[28] Vgl. arabianbusiness.com, Reuters 24.10.2011

Blickt man auf die Gewerbeimmobilien liegen die Vorraussetzungen für den deutschen Gewerbeimmobilienmarkt in den Jahren 2012- 2016 sehr gut. Die Mieten in Deutschland stabilisieren sich oder bleiben konstant. Dies liegt an der guten Arbeitsentwicklung und dem niedrigeren Neubauvolumen in Deutschland. In den Ländern Spanien, Italien und Südeuropa hingegen, fallen diese pessimistisch aus.

Mit Blick auf Dubai, kann man sagen, dass sich Dubai erst in den nächsten 5 Jahren wieder erholen wird. Viele Bauprojekte wurden aufgrund der schlechten finanziellen Situation abgebrochen oder auf Eis gelegt. 2020 wird Dubai erst wieder bei den Immobilienpreisen wie 2008 sein.

6.1 Fazit

Nach der Erarbeitung meiner Hausarbeit zu dem Thema, Finanzkrise- Auswirkungen auf die Immobilienmärkte, bin ich zu der Erkenntnis gekommen, dass wir in Deutschland, nicht so betroffen sind wie andere Länder. Die Weltwirtschaft befindet sich zwar noch in einer kritischen Gesamtsituation , aber es geht langsam wieder Berg auf. Auch die Banken- probleme, bezogen auf Immobilienkredite, zeichnen immer wieder positive Ergebnisse auf. Insbesondere der Markt für Einzelhandelsimmobilien und Wohnimmobilien wird sich im- mer positiver entwickeln, da das Verlangen nach Eigenheim immer größer wird und Ein- zelhandelsimmobilien in 1a- Lagen immer mehr Nachfrage gewinnen. Auf längere Zeit gesehen, ist der deutsche Immobilienmarkt realtiv stabil. Das wissen natürlich auch, sowohl nationale, als auch internationale Investoren, was heisst, das sich diese in Deutschland im- mer mehr ausbreiten werden.

Literaturverzeichnis

1. Michaela Hellerforth, Die Globale Finanzmarktkrise: Ursachen und Auswirkungen auf die Immobilien und Realwirtschaft, Hammonia- Verlag GmbH; 1. Auflage, (12. März 2009)

2. Studie des iddiw, Management der Finanzkrise, eine Immobilienwirtschaftliche Perspektive, Immobilien Manager Verlag IMV, 1. Auflage, 2009

3.Wirtschaftswoche, www.wiwo.de/videos/finanzkrise-finanzkrise-in-zahlen/4698812.html, 27.05.2008

4. Alkis Henri Otto, Die Auswirkungen der Finanzkrise auf die deutschen Wohnimmobilienmärkte,HamburgischesWeltWirtschaftsInstitut(HWWI),2009, www.hwwi.org/uploads/tx_wilpubd/HWWI_Policy_Paper_1-22.pdf

5. Stefan Kofner, Die Hypotheken und Finanzmarktkrise, Fritz Knapp Verlag Frankfurt am Main

6. Immobilien Zeitung, Deutschland zeigt sich in der Krise robust, Gewerbeimmobilienmärkte, 15.12.2011, www.immobilien-zeitung.de/113257/deutschland-zeigt-sich-in-der-krise-robust

7. Dubai News, www.dubainews.de/finanzkrise/, Frank Paulus, 08.07.2009

8. arabianBusiness.com, Bis 2016 Flaute für Immobiliengeschäft in Dubai vorhergesagt, Reuters, Montag 24.10.2011

9. EuroHypo AG, Marktbericht Deutschland 2011, In Kooperation mit Kenstone Real EstatValuers, www.kenstone.de/media/documents/EH_KEN_Marktbericht_D_2011_X3.pdf

10. Handelsblatt, Gewerbeimmobilien, Der nächste Immobilien- Tsunami rollt, Rolf Benders, Matthias Eberle, Jan Keuchel, Peter Köhler, Robert Landgraf, Michael Maisch, Yasmin Osman, Reiner Reichel, 15.04.2010

11. Hamburgisches WeltWirtschafts Institut, Auswirkungen der Finanzkrise auf die deutschen Wohnimmobilienmärkte, Prof. Dr. Alkis Henri Otto, Hwwi Update 01. 2010

12. Forward Darlehn- Vergleich.de/Blog, Immobilienmarkt Entwicklung in Deutschland 2010: Prognose,www.forwarddarlehen-vergleich.de/blog/immobilienmarkt-entwicklung-deutschland-2010/

13. Printo Consulting Property Briefing Nr. 1, Die globale Finanzkrise und mögliche Auswirkungen auf den deutschen Immobilienmarkt, Februar 2011

Abbildung1:
www.buergerstimmen.de/fotopm/090722t0schaubild_entstehung_finanzkrise_0.jpg

Abbildung2:
www.kenstone.de/media/documents/EH_KEN_Marktbericht_D_2011_X3.pdf

Abbildung3:

www.kenstone.de/media/documents/EH_KEN_Marktbericht_D_2011_X3.pdf

Abbildung4:

www.dubainews.de/media/dubai-baustelle.jpg